RÈGLEMENT
DE LA SOCIÉTÉ
DES
MONTAGNARDS
DE CARENTAN.

TITRE PREMIER.

Constitution de la Société, sa composition

ARTICLE PREMIER.

La Société portera le nom de Société des Montagnards de Carentan.

II.

Pour être reçu membre de la Société, il faudra se faire inscrire par un des Secrétaires de la Société, qui tiendra toujours un regiſtre ouvert à cet effet.

A

III.

Lorfque le nombre des afpirans fera porté à dix ou environ, alors le Préfident invitera les douze Commiffaires nommés par la Société, de s'affembler pour leur faire fubir l'épreuve du fcrutin épuratoire.

IV.

Nul n'aura droit de délibérer, d'élire ou d'être élu, qu'il n'ait fubi cette épreuve, & qu'il n'ait payé fa contribution.

V.

La Société aura un Préfident, quatre Secrétaires, un Tréforier & quatre Commiffaires pour la corefpondance

---

TITRE II.

Du Préfident

ARTICLE PREMIER.

Le Préfident fera nommé au fcrutin & à la pluralité relative des fuffrages ; les Secrétaires, quoiqu'en fonctions, pourront être élus Préfident. Il en fera de même pour les Commiffaires & le Tréforier.

II.

Le Préfident ne fera élu que pour un mois. Il ne pourra être continué, mais il fera éligible de nouveau trois mois après qu'il aura quitté la préfidence.

III.

En l'abfence du Préfident, fon prédéceffeur le plus immédiat le remplacera, & en cas d'abfence d'anciens Préfidens, le plus ancien d'âge préfidera l'Affemblée.

3

I V.

Les fonctions du Préfident font de maintenir l'ordre
dans l'Affemblée, d'y faire obferver les règlemens, d'y
accorder la parole, d'énoncer en peu de mots les quef-
tions fur lefquelles l'Affemblée aura à délibérer; de pro-
noncer la décifion de l'Affemblée; de proclamer le réfultat des fuffrages; de porter la parole au nom de
l'Affemblée, & de rappeler à l'ordre. Il ne pourra, dans
aucun de ces cas, être interrompu.

V.

Le Préfident fignera avec les Secrétaires, les procès-
verbaux de délibération, les lettres, réponfes, adreffes,
pétitions, extraits de délibération & certificats, ainfi
que tout ce qui doit être envoyé au nom de la Société.

V I.

Lorfqu'il parviendra une lettre ou paquet à l'adreffe
du Préfident ou à celle de la Société, on fera le poffible pour
l'en faire avertir; & en cas d'abfence, ou qu'il ne puiffe
être averti, l'ouverture de la lettre ou paquet ne pourra
être faite qu'en préfence de fix membres. Il ne fera per-
mis, en aucun cas, au Préfident de faire cette ouverture, fi ce n'eft en préfence de deux membres.

V I I.

Le Préfident ne pourra jamais être nommé pour aucune
députation qui auroit lieu pendant la durée des féances.

V I I I.

Le Préfident pourra, fi les circonftances l'exigent,
convoquer des affemblées extraordinaires, formées
comme il fera expliqué au titre VI du préfent règlement.

A 2

TITRE III.

Des Secrétaires.

ARTICLE PREMIER.

Les Secrétaires feront nommés au fcrutin & à la pluralité relative des fuffrages; ils feront renouvelés par móitié dans la dernière féance de la troifième décade de chaque mois.

II.

Les fonctions des Secrétaires font 1.º de rédiger les procès-verbaux des délibérations & arrêtés, & pour ce, de tenir note des objets délibérés pendant la féance; 2.º de diftribuer les fcrutins, les recueillir & les dépouiller, pour enfuite en remettre le réfultat au Préfident, qui feul doit le proclamer.

III.

Les Secrétaires & les Commiflaires du comité feront, conjointement avec le Préfident, les lettres ou réponfes dont ils feront chargés par l'Aflemblée. Ils entretiendront exactement la correfpondance au nom de la Société, & ils rendront du tout un compte exact à la Société aflemblée.

IV.

Les Secrétaires feront tenus de former pour les féances où il y aura des nominations à faire, un tableau des noms des membres qui ont des fonctions attachées à la Société, ainfi que de ceux qui font abfens, & qui, par cette raifon, ne font pas fufceptibles d'obtenir des places d'officiers de la Société, afin d'éviter les voix perdues dans les fcrutins paffés à cet effet.

TITRE IV.

Du Tréforier.

ARTICLE PREMIER.

Le Tréforier fera nommé à la pluralité relative des fuffrages. Il fera nommé pour un an, & pourra être continué auffi long-temps qu'il plaira à la Société.

II.

Le Tréforier recevra la contribution de chaque membre, laquelle eft fixée provifoirement à quarante fous par trimeftre, & fera toujours payée d'avance.

III.

Le Tréforier payera les diverfes dépenfes arrêtées par la Société, jufqu'à la concurrence des fonds de la caiffe, fans être obligé de faire aucune avance, il fera chargé de l'abonnement de papiers publics, ainfi que de tous les foins économiques & fournitures, tels que le logement, le feu, la lumière, papier, plumes, encre, &c.

IV.

Il aura un regiftre où la recette & la dépenfe feront infcrites par ordre de dates; il fera tenu de le repréfenter toutes les fois que l'Affemblée le requerra, afin que chacun des membres puiffe avoir connoiffance de l'emploi des deniers.

V.

Le Tréforier prendra foin des archives de la Société.

TITRE V.

De la formation du Comité.

ARTICLE PREMIER.

Il fera établi un Comité de correfpondance compofé de quatre membres, fous le titre de Commiffaires. Ils feront élus au fcrutin, à la pluralité relative des fuffrages. Ce Comité, dans tous les cas provifoires, pourra être convoqué par le Préfident, pour délibérer fur le champ fur tous les objets qui requerront célérité. Tous les membres qui fe trouveront préfens y auront voix délibérative.

I I.

Les membres de ce Comité ne pourront être pris que parmi les frères habitant la ville de Carentan, pour qu'ils foient toujours prêts à s'affembler au moment de la convocation.

I I I.

Les objets arrêtés par les membres de ce Comité, feront rapportés à la prochaine féance, par le Préfident qui rendra compte des motifs des arrêtés qui auront été pris.

I V.

Lorfque les Commiffaires auront été chargés de quelque miffion par l'Affemblée, ils feront tenus d'en rendre compte dans la féance qui fuivra immédiatement ; mais dans le cas de députation extraordinaire, l'Affemblée nommera tel nombre de Commiffaires qu'elle jugera à propos.

V.

Ces quatre Commiſſaires ſeront réélus par moitié, comme les Secrétaires, dans la dernière ſéance de la troiſième décade de chaque mois.

TITRE VI.

Ordre des ſéances.

ARTICLE PREMIER.

Les ſéances ordinaires de la Société, fixées proviſoirement tous les jours de travail, c'eſt-à-dire, qu'elles auront lieu neuf jours de ſuite. Le dixième jour de chaque décade étant un jour de repos, la Société ne tiendra point de ſéance ce jour-là. L'heure de la ſéance ſera à cinq heures du ſoir, depuis le jour de l'équinoxe d'automne, où le ſoleil entre au ſigne de la Balance, juſqu'au jour de l'équinoxe du printemps, où le ſoleil entre au ſigne du Bellier. A cette dernière époque, l'heure des ſéances ſera à ſix heures. Tous les membres devront s'y trouver, & plus particulièrement aux ſéances des derniers jours de chaque mois, où ſe feront les renouvellemens des officiers de la Société.

II.

Les ſéances commenceront toujours par la lecture du bulletin, des lettres & des mémoires adreſſés à la Société, puis du procès-verbal, quand il y en aura; enſuite on paſſera à l'ordre jour.

III.

La ſéance ouverte, chacun reſtera à ſa place & en ſilence.

8
I V.

La fonnette fera le fignal du filence & le rappel à l'ordre.

V.

Au fon de la clochette du Préfident, les membres de l'Affemblée feront tenus de faire le plus grand filence. Celui qui refuferoit de fe mettre à l'ordre fur la repréfentation du Préfident , fera improuvé par l'Af-femblée.

V I.

Tout membre de l'Affemblée peut réclamer le filence ou l'ordre , mais en s'adreffant au Préfident.

V I I.

Nul membre n'approchera du bureau pendant la féance , pour parler au Préfident ou aux Secrétaires , non plus que pour s'affeoir à côté d'eux.

V I I I.

Le public fera admis aux féances , mais nul , s'il n'eft membre de la Société ou étranger , ne pourra fiéger dans l'intérieur de la falle.

I X.

Il fera nommé quatre Infpecteurs de la falle. Leurs fonctions feront d'empêcher 1°. que le paffage dans l'intérieur des féances ne foit obftrué ; 2°. d'empêcher d'entrer & de fe placer fur les bancs ceux qui ne font pas membres de la Société , fi ce n'eft les femmes & les étrangers ; 3°. d'éloigner des environs de la falle les enfans qui , par leurs jeux & par leurs cris , troublent les féances ; 4°. Ils feront renouvellés par moitié tous les deux mois.

TITRE VII.

Ordre pour la parole.

ARTICLE PREMIER.

Aucun membre de l'Affemblée ne pourra parler dans la féance, qu'après avoir demandé la parole au Préfident. Nul ne pourra parler plus de deux fois fur le même fujet, & dans la même féance.

II.

Celui qui aura la parole, fe tiendra levé, & ne pourra être interrompu, approuvé ni défapprouvé par geftes ou autrement, pendant le cours de la difcuffion, à moins que l'Affemblée ne demande d'aller aux voix; mais fi un membre qui a la parole, s'écartoit de la queftion, c'eft au Préfident à l'y rappeler.

III.

Si un membre s'oublioit en parlant, jufqu'à manquer de refpect à l'Affemblée, ou fe livroit à des invectives ou des perfonalités indécentes, le Préfident le rapellera nommément & perfonnellement à l'ordre. Tout membre en aura le droit : s'il récidive, il en fera fait mention au procès-verbal, & à la troifième fois, il fera invité de ne plus fe préfenter aux féances, & on le rayera du tableau.

IV.

Le Préfident ne pourra jamais demander la parole tant qu'il occupera le fauteuil, fi ce n'eft pour répondre s'il étoit inculpé.

TITRE VIII.

Des Motions.

ARTICLE PREMIER.

Tout membre de l'Affemblée a doit de propofer une motion.

I I.

Toute motion propofée doit être appuyée par un membre, fans quoi elle ne pourra être mife à la difcuffion.

I I I.

Avant même qu'on difcute une motion appuyée, on pourra invoquer la queftion préalable ; & fi elle eft appuyée par un membre, l'Affemblée décidera d'abord s'il y a lieu à délibérer.

I V.

Il ne fera rédigé de procès-verbal de féance que par un arrêté de l'Affemblée.

V.

Toutes motions qui tendroient à faire quelque changement ou addition au préfent règlement, feront ajournées à trois jours, pour pouvoir être difcutées, amendées, acueillies ou rejettées après un examen réfléchi.

A COUTANCES, chez G. JOUBERT, Imprimeur du Département de Manche. 1793.